La mutualisation des logiciels libres dans les administrations

Brahim El Moumni

La mutualisation des logiciels libres dans les administrations

Les enjeux de la mutualisation des logiciels libres

Éditions universitaires européennes

Mentions légales / Imprint (applicable pour l'Allemagne seulement / only for Germany)
Information bibliographique publiée par la Deutsche Nationalbibliothek: La Deutsche Nationalbibliothek inscrit cette publication à la Deutsche Nationalbibliografie; des données bibliographiques détaillées sont disponibles sur internet à l'adresse http://dnb.d-nb.de.
Toutes marques et noms de produits mentionnés dans ce livre demeurent sous la protection des marques, des marques déposées et des brevets, et sont des marques ou des marques déposées de leurs détenteurs respectifs. L'utilisation des marques, noms de produits, noms communs, noms commerciaux, descriptions de produits, etc, même sans qu'ils soient mentionnés de façon particulière dans ce livre ne signifie en aucune façon que ces noms peuvent être utilisés sans restriction à l'égard de la législation pour la protection des marques et des marques déposées et pourraient donc être utilisés par quiconque.

Photo de la couverture: www.ingimage.com

Editeur: Éditions universitaires européennes est une marque déposée de Südwestdeutscher Verlag für Hochschulschriften GmbH & Co. KG
Heinrich-Böcking-Str. 6-8, 66121 Sarrebruck, Allemagne
Téléphone +49 681 37 20 271-1, Fax +49 681 37 20 271-0
Email: info@editions-ue.com

Produit en Allemagne:
Schaltungsdienst Lange o.H.G., Berlin
Books on Demand GmbH, Norderstedt
Reha GmbH, Saarbrücken
Amazon Distribution GmbH, Leipzig
ISBN: 978-3-8417-8394-3

Imprint (only for USA, GB)
Bibliographic information published by the Deutsche Nationalbibliothek: The Deutsche Nationalbibliothek lists this publication in the Deutsche Nationalbibliografie; detailed bibliographic data are available in the Internet at http://dnb.d-nb.de.
Any brand names and product names mentioned in this book are subject to trademark, brand or patent protection and are trademarks or registered trademarks of their respective holders. The use of brand names, product names, common names, trade names, product descriptions etc. even without a particular marking in this works is in no way to be construed to mean that such names may be regarded as unrestricted in respect of trademark and brand protection legislation and could thus be used by anyone.

Cover image: www.ingimage.com

Publisher: Éditions universitaires européennes is an imprint of the publishing house Südwestdeutscher Verlag für Hochschulschriften GmbH & Co. KG
Heinrich-Böcking-Str. 6-8, 66121 Saarbrücken, Germany
Phone +49 681 3720-310, Fax +49 681 3720-3109
Email: info@editions-ue.com

Printed in the U.S.A.
Printed in the U.K. by (see last page)
ISBN: 978-3-8417-8394-3

Brahim El Moumni

LA MUTUALISATION DES LOGICIELS LIBRES
DANS LES ADMINISTRATIONS

Québec, Juillet 2007

Département des systèmes d'information organisationnels
Faculté des sciences de l'administration
Université Laval

Table des matières

Dédicace

A mes deux parents, eux qui m'ont offert l'un des plus beaux cadeaux de la vie : le savoir. Je leur dis merci pour tout ce qu'ils ont fait et continuent à faire pour moi.

A toute ma famille, à maman, qui ma toujours soutenu dans les moments difficiles tout au long de mes études. Sans elle, je n'aurais certainement pas fait des études approfondies. Ce livre représente donc l'aboutissement du soutien et des encouragements qu'elle m'a prodigués tout au long de ma scolarité. Qu'elle en soit remerciée par cette trop modeste dédicace.

A tous ceux qui me sont chers

I. Introduction

L'apparition des «logiciels libres» introduit une nouvelle dimension dans la problématique de choix d'un outil informatique. Les logiciels libres sont de plus en plus utilisés dans les administrations et offrent des solutions extrêmement pertinentes en ce qui concerne l'interopérabilité, la pérennité de l'information, la sécurisation des données et la protection de la vie privée. Ils n'ont rien à envier aux solutions propriétaires qui fonctionnent trop souvent en vase clos, sans que les utilisateurs ne sachent comment leurs données personnelles sont réellement traitées.

Pour garantir la pérennité des données accessibles, faciliter les échanges et assurer le libre accès des utilisateurs à l'information, il faut que l'utilisation dans l'administration ne dépende pas du bon vouloir des concepteurs de logiciels. Il faut des systèmes dont l'évolution puisse être garantie grâce à une mutualisation du développement des logiciels. Une nouvelle transparence de l'information, sa disponibilité pour tous, sa rapidité, son interactivité sont désormais essentielles dans la démocratie moderne des administrations.

La mutualisation des efforts de développement et de maintenance apparaît comme la principale source d'intérêt pour les logiciels libres. En effet, l'ouverture du code n'est pas le principal critère retenu par les entreprises pour choisir des logiciels libres. Elles recherchent surtout à faire des économies et à maîtriser l'évolution de leurs serveurs en mutualisant leurs développements. Cette approche permet un meilleur partage des coûts de développement et de maintenance, une bonne couverture des besoins fonctionnels des partenaires ainsi que la maîtrise de l'évolution du logiciel.

«Pour Midiway, le logiciel libre n'a de véritable sens que dans la mutualisation. Cela prend tout son sens quand on arrive à réunir une communauté de personnes ayant un intérêt commun. C'est le cas des applications métiers où une organisation aura des besoins tout à fait comparable à d'autres et le développement d'un logiciel spécifique pourra

4

être mutualisé. Plus le marché est restreint, moins il intéressera les éditeurs traditionnels et plus le modèle Open Source mutualisé sera adapté ».[1]

Plusieurs administrations ont des besoins similaires et souvent elles se fédèrent pour les satisfaire. Nous pensons notamment aux collectivités locales. Le recours aux logiciels libres permet de réutiliser les développements effectués par une administration pour les enrichir, sans avoir à chaque fois à partir de Zéro. Cela permet aussi de favoriser le fonctionnement des systèmes et des processus opérationnels d'une manière toujours plus intégrée, sur la base de standards et d'éléments d'architecture communs, et en partageant des ressources informationnelles communes.

Par ailleurs, Antoine Estarellas (2006), affirme que la mutualisation est d'autant plus envisagée dans les projets liés à la modernisation de l'administration où les changements souhaités doivent être rapides et nécessitent une interopérabilité croissante des systèmes d'information favorisée par les nouvelles technologies. Les trois libertés assurées par les licences de logiciel libre garantissent en effet la pérennité des systèmes via les documents produits, la possibilité d'adopter les fonctionnalités du logiciel aux besoins propres à chaque administration, et la possibilité d'améliorer celui-ci en fonction de l'évolution des exigences notamment en matière de sécurité. Les logiciels libres et les standards ouverts constituent donc des points d'appui solides et donnent aux services administratifs des moyens concrets pour leur action autonome, leur indépendance et leur efficacité.[2]

Pour concilier l'impératif de modernisation et la contrainte budgétaire, les administrations devraient rationaliser leurs dépenses en projets IT et profiter pleinement de la mutualisation. La réutilisation possible des logiciels libres permet de réaliser des économies budgétaires pour les administrations pour faire plus avec moins. Ainsi, le principe de la mutualisation reste indispensable pour coordonner le financement des grands projets d'envergure, optimiser l'utilisation des deniers publics et proposer des services étendus.

---

[1] Midiway, "Mutualisation des développements et open source", 2005.
[2] Antonie Estarellas, "la dématérialisation des procédures administratives", Université paris Nanterre, 2006.

Le but de cette recherche est d'étudier la démarche de mutualisation des logiciels libres dans les administrations. Pour ce faire, nous allons analyser les règles qui permettent de structurer et organiser le travail des développeurs de logiciels libres dans certaines associations comme l'Adullact (Association des développeurs et utilisateurs de logiciels libres pour l'Administration et les collectivités territoriales) et l'EDOS (Environement pour le Développement et la distribution de logiciels Open Source). Notre analyse vise à tenter de cerner le fonctionnement des communautés de logiciels libres dans leurs processus de constitution et de développement. Au-delà de l'extrême diversité organisationnelle des différents projets de développement de logiciels libres, il s'agit d'éclaircir plusieurs interrogations: comment se constituent et se structurent ces associations dans leur démarche de la mutualisation des logiciels libres? Comment sont-ils animés, gérés, fédérés, soutenus ? Comment maintient-on, dans certaines conditions, un produit cohérent, avec une certaine identité et continuité dans le temps ? Nous allons approfondir les dossiers importants concernant les questions liées à la mutualisation des logiciels libres, les enjeux économiques, juridiques, technologiques et les solutions à base de logiciels libres mises en œuvre dans les administrations.

Aperçu du livre

Les communautés du logiciel libre ont réussi à créer un système incitant des personnes à coopérer volontairement à un système de production et ce alors qu'elles sont dispersées géographiquement, et qu'il n'existe apparemment pas de contraintes institutionnelles.

De manière générale, les contributeurs ne sont pas inscrits dans la même organisation mais sont plutôt dispersés, ont des relations assurées par le réseau Internet et ne sont pas reliés par les liens d'une association quelconque[3]. Cette absence d'interactions directes conduit à s'interroger sur les caractéristiques de l'action collective qui permet de passer d'engagements individuels volontaires, et potentiellement volatiles et instables, à la réalisation d'une production collective plus organisée, impliquant mutualisation, continuité et pérennité. Dans cette perspective, plusieurs interrogations se posent:

1. Quelles modalités d'organisation de logiciels permettent de mutualiser le développent des logiciels libres ?

2. Quels mécanismes de régulation permettent de mieux organiser les logiciels libres pour répondre aux exigences des administrations ?

3. Comment les contributions des développeurs peuvent-elles être agencées en un produit cohérent ?

4. Quelles sont les formes de mobilisation qui permettent d'assurer une certaine continuité des engagements des utilisateurs et d'organiser un agencement de leurs contributions?

---

[3] Voir à ce propos D. Desbois, N. Jullien, T. Pénard, A. Poulin-Maubant et JB. Zimmermann (Eds.) (1999).

Au-delà du débat sur la dépendance économique à un éditeur de logiciel propriétaire, le logiciel libre répond parfaitement à cette exigence de mutualisation et même au-delà, aux nécessités de l'interopérabilité liées à la réorganisation d'une administration transversale. Ainsi pour les administrations des collectivités territoriales et locales qui ne disposent pas des mêmes moyens et qui n'ont pas de service informatique interne, la réutilisation possible des logiciels libres permet de réaliser des économies budgétaires.

L'objectif de cette recherche est de mieux comprendre la mutualisation des logiciels libres et les conditions de sa viabilité économique. Nous verrons qu'à ce titre, elle représente ici un archétype de ce que l'on pourrait imaginer comme un modèle précurseur dans le cadre d'une économie fondée sur la mutualisation des coûts, des efforts et des connaissances. Dans une première partie, nous proposons une analyse de la mutualisation qui repose sur une définition de cette notion ainsi nous examinerons les règles qui ont permis de mieux structurer le développent des logiciels libres dans certaines associations comme l'ADULLACT et l'EDOS. Au troisième chapitre de ce livre, nous proposons une analyse de la mutualisation qui repose sur une comparaison entre le logiciel libre et le logiciel propriétaire. En suite, dans le quatrième chapitre, nous discuterons la notion d'un pôle de compétitivité dédié aux logiciels libre qui constitue une véritable mutualisation à grande échelle. Nous essaierons de comprendre les fondements de l'efficacité de ce modèle, sa viabilité économique, ces bénéfices et les facteurs de son succès.

II. La mutualisation des logiciels libres

2.1 Définition de la mutualisation

«La mutualisation pourrait être définie comme étant une pratique d'investissements communs à plusieurs utilisateurs satisfaisant des besoins similaires, qui bénéficient ainsi de services identiques (ou proches), tout en répartissant la charge de ces investissements » David De Roy (2006).[4]

Cette définition souligne l'idée de l'implication forte d'une communauté d'utilisateurs et la mise en commun d'un ensemble de ressources à des fins de: partage, d'échange, de consultation ou d'exploitations. C'est une notion de groupe ayant des pôles d'intérêts identiques ou proches. Elle vise en effet une coopération entre les différents acteurs dans le but de construire un patrimoine collectif qui pourrait servir ultérieurement d'autres communautés. Cette définition n'exclut pas qu'un prestataire externe intervienne éventuellement dans l'opération de la mutualisation et qu'il s'occupe de l'installation d'un cadre d'échanges entre ces utilisateurs et bénéficie ainsi de leurs retours d'expériences. Cependant, David De Roy (2006) rappelle que cette approche ne pourrait être qualifiée de « mutualisation » que si ces utilisateurs valorisaient à leur profit (et sous leur maîtrise même relative) ce partage.[5] En effet, chaque utilisateur devrait être en mesure de rencontrer ces besoins dans cette démarche.

La mutualisation des efforts de développement et de maintenance apparaît comme la principale source d'intérêt pour les logiciels libres. Elle permet d'accroître les économies d'échelles dans le but de réduire les coûts de développements et de maintenances. Une expérience menée à "Forrester Research institute" démontre que les entreprises s'intéressent aux logiciels libres pour deux raisons principales: leur faible coût d'acquisition et de possession (TCO) ainsi que leur disponibilité sur de nombreux système

---

[4] Robert Viseur, Parlement de la communauté française de Belgique Wallonie-Bruxelles, 2006.
[5] David De Roy, "Quelques aspects conceptuels et juridiques de la gestion de l'information publique", 2006.

d'exploitation. Le critère de l'ouverture de code n'arrive qu'à la quatrième place. Dans cette optique, Nicolas Hoizey, directeur technique du cabinet de conseil Lever Age, estime que « *L'ouverture du code n'est pas une fin en soi, mais un prérequis à la mutualisation des projets* ». De ce fait, l'ouverture du code n'est pas un critère retenu par les entreprises pour choisir les logiciels libres, elles recherchent surtout à faire des économies et à maîtriser l'évolution de leurs logiciels en mutualisant leur développement.[6]

2.2 Logique de la mutualisation

La mutualisation des logiciels libres représente la solution idéale aux problèmes sources. Le résultat de cette collaboration serait un outil libre dont les droits n'appartiendraient pas à une seule entité, mais au groupement ayant initié le projet. Le danger du blocage n'existerait plus puisque chaque partenaire pourrait adapter le logiciel à ses propres besoins et à ses attentes particulières. Les coûts sont mutualisés et les risques partagés.

Ainsi comme le fait préciser Serge Pouts-Lajus (2004), le processus de mutualisation, parce qu'il comporte une importante dimension de régulation, est, par nature, un processus de construction, et bien entendu de construction collective.[7] Le principe de la mutualisation rassemble des expériences en un réseau réciproque d'échanges et de partage, afin de diffuser les meilleures pratiques et les faire connaitre à d'autres acteurs. Le but de cette approche est de dégager ensemble les valeurs sous-jacentes, les conditions de réussite, les causes de difficultés ou d'échec, les points communs qui se trouvent à travers des expériences très divers. De telle sorte, que les communautés futures du logiciel libre puissent bénéficier de ces expériences pour promouvoir des pratiques en évolution constante, qui confèrent au système son efficacité économique.[8]

Les résultats de la mutualisation sont généralement disponibles sur des sites web présentant les logiciels libres, dans l'espoir de faciliter la collaboration et la diffusion de l'information entre les partenaires.

---

[6] Carole Buret, ZDNet France, 2005.
[7] Serge Pouts-Lajus, "Internet et les pratiques de mutualisation", octobre 2004.
[8] Dominique Foray, Jean-Benoît Zimmermann "L'économie du logiciel libre", 2001.

L'utilisation du code source se fait souvent via une « forge » comme « sourceforge » ou « ADULLACT », qui offrent tous les outils nécessaires pour travailler ensemble.

2.3 La mutualisation, modèle qui favorise la maîtrise du logiciel

La mutualisation a pour but de renforcer l'interopérabilité des solutions existantes. Elle favorise l'établissement des standards ouverts et donc la coopération et la concurrence. L'avantage de la mutualisation dans ce contexte est qu'elle laisse aux entreprises adhérentes de ce projet une maîtrise totale de leurs ressources logicielles. Toujours dans cette mouvance, Olivier Guibert (2005) PDG de société de services IdealX constate que les entreprises à l'origine d'un projet de mutualisation conservent la maîtrise du logiciel et ont accès au code source développé.[9] C'est le point clé de la mutualisation. Elles se réunissent au sein d'un groupe de clients contributeurs, chargé de définir les grandes évolutions du logiciel et de choisir les contributions à intégrer dans les prochaines versions. La mutualisation des logiciels libres représente donc une opportunité et un enjeu formidable pour maîtriser l'évolution des logiciels dans les administrations.

Par ailleurs, Renaud Dutreil (2005), Ministre de la Fonction publique française, a déclaré lors des « Trophées du libre »: *« Vous le savez, une de nos préoccupations premières pour le développement des services en ligne, est la garantie d'interopérabilité... Dans ce contexte, les technologies ouvertes sont pour nous une opportunité pour garantir cette interopérabilité, ...L'utilisation des logiciels libres représente aussi dans certains cas une opportunité en termes économiques... La mutualisation, maître mot du programme Adèle, est aussi celui du monde du libre... Le libre représente donc un enjeu d'économie des deniers publics... Je crois que la diffusion des logiciels libres au sein des services de l'État augmentera sensiblement dans les prochaines années, coexistant avec les logiciels propriétaires... Maintenant que le modèle du libre a – je crois - fait ses preuves et fait l'objet d'un réel engouement de la part des*

---

[9] Carole Buret, ZDNet France, 2005.

entreprises comme des administrations... ce qui compte est de faire jouer librement la concurrence et d'y faire participer pleinement les éditeurs du libre».[10]

Cette interopérabilité est essentielle pour proposer aux usagers une offre de services lisible et cohérente, malgré l'hétérogénéité des acteurs de l'administration électronique: ministères, collectivités locales, organismes de protection sociale, etc. La mutualisation ferait ainsi partie d'un groupe de mouvements qui mettent en avant l'interopérabilité comme principe fédérateur. Ainsi, cette approche est une opportunité pour garantir l'interopérabilité, tout en préservant l'autonomie à laquelle les administrations sont naturellement attachées pour leur choix stratégiques et techniques.

2.4 L'intérêt de la mutualisation

Carole Buret (2005) souligne que la mutualisation du développement des logiciels libres possède de nombreux avantages : partage des coûts de développement et de maintenance, couverture à 100% des besoins fonctionnels, maîtrise de l'évolution du logiciel, meilleure pérennité du logiciel et du prestataire, etc.[11] L'avantage le plus fréquemment associé à cette pratique est évidemment celui de l' «économie d'échelle». Notons à titre d'exemple, qu'en Europe, le prix et l'indépendance étaient les motifs principaux de l'utilisation de *Linux* par 56% des entreprises.[12] En outre, les auteurs Jean Mermet, Allegre guillaume, Michel Écochard, Daniel Seyve (2005) préconisent que la mutualisation engendre un cercle vertueux caractérisé par la maîtrise des budgets, l'interopérabilité, le développement démocratisé des TIC et l'approche collaboratrice.[13] Citons à titre d'exemple, que 10% des projets informatiques de l'administration française sont réalisés en suivant cette approche de mutualisation. Le cabinet d'études Markess de son côté estime que la mutualisation constitue «Un impératif pour concilier la

---

[10] Le discours de Renaud Dutreil http://www.sil-cetril.org/article.php3?id_article=158
[11] Carole Buret, ZDNet France, 2005.
[12] Pierre-Julien Guay, Jean Fanchini, Benoit Grégoire, "Le logiciel libre, une option qui gagne du terrain", Avril 2003.
[13] Jean Mermet, allegre guillaume, Michel Écochard, "les Dossiers Thématiques du Projet GRECO", Grenoble Campus Ouvert, janvier 2005.

modernisation de l'administration et des contraintes budgétaires toujours plus fortes».

Ainsi comme le fait remarquer Jean BERBINAU (2003), la mutualisation permet d'obtenir la meilleure valeur ajoutée pour l'argent public en réutilisant et en adaptant les meilleurs pratiques en matière de développement des logiciels et en profitant des expériences réalisés par d'autres administrations. Ainsi cette approche permet d'accélérer l'innovation en investissant des fonds pour créer des nouvelles applications et pas pour réinventer des modules de logiciels qui ont été déjà développés par d'autres. De même, elle encourage une collaboration accrue entre les administrations[14] surtout pour les projets de grande envergure ou le financement coordonné reste indispensable pour optimiser l'utilisation des deniers publics et proposer des services étendus. Notons de ce fait, que ce modèle de développement a fait susciter beaucoup d'intérêts en France, tant dans l'administration que dans les entreprises. Le cabinet du premier ministre a par exemple lancé le projet de gestion de contenu SPIP-Agora afin de mutualiser les besoins de différentes administrations. Développé par Lever Age, ce logiciel est aujourd'hui utilisé par plusieurs dizaines d'administrations et d'entreprises privées.[15]

Or, faire le pari d'un code ouvert et mutualisé, librement utilisable et modifiable c'est aussi faire le pari de connaissances humaines accessibles à tous, de données publiques enfin rendues publiques. La mutualisation est fondée sur une libre circulation et réutilisation de l'information, sur la satisfaction des besoins de plusieurs partenaires, la liberté de chacun de reprendre, améliorer, déformer, reformuler, étendre les contributions existantes, avec pour seuls objectifs le développement de connaissances nouvelles et l'amélioration, le perfectionnement, des connaissances acquises. Très concrètement, la mutualisation permet de réutiliser les développements

---

[14] Jean BERBINAU, "Open source software in the French administrations and private sector: Lessons learned from recent experiments", Novembre 2003.
[15] Carole Buret, ZDNet France, 2005.

effectués par une administration pour les enrichir, sans avoir à chaque fois à partir de Zéro.[16]

2.5 Risques et freins de la mutualisation

En dépit des indéniables vertus qui peuvent lui être reconnues, la mutualisation suscite certains inconvénients et impose certaines contraintes. La plus évidente d'entre elles est organisationnelle: elle impose à chaque partenaire concerné d'accepter le «jeu» de la concertation ou de la collaboration avec d'autres entités et, partant, d'admettre le risque d'une certaine complexité dans l'organisation des fonctions ou activités concernées par la mutualisation. En effet, le sens de la cohérence des projets de mutualisation, la cohésion des partenaires dans cette démarche commune sont des indicateurs clés du succès de cette démarche.[17]

Robert Viseur souligne que la mutualisation suscite certains freins dans la mesure où les besoins des partenaires sont parfois différents et diversifiés, ce qui peut donner naissance à des logiciels inadaptés, difficiles à maintenir, peu performants parce que les besoins des partenaires ne sont pas toujours conciliables. Roy insiste de ce fait, sur la nécessité de concilier les besoins similaires et d'établir cette approche pour les partenaires qui ont des intérêts identiques ou similaires. Et ce, en dépit d'éviter les conflits qui pourraient surgir au cours de la route de cette démarche. En outre, les objectifs des partenaires peuvent diverger en cours de route. Il convient alors pour éviter ce risque de divergence de fixer préalablement des règles et des objectifs communs.

Or, la défense de certains privilèges peut également entraver un projet de mutualisation et courir de sérieux risques. Par exemple, un fournisseur peut voir dans la mutualisation une forme d'indépendance des partenaires qui comptent subvenir à leurs besoins en créant un réseau d'échange. Cela peut être perçu comme étant une rupture (séparation, désunion) au recours des services du fournisseur.

---

[16] Discours de Renaud Dutreil, Ministre de la fonction publique et de la réforme de l'État français, Trophées du logiciel libre, 2005.
[17] Parlement de la communauté Française de Belgique "Services publics et mutualisation informatique : de la théorie à la pratique", Wallonie-Bruxelles 2006.

Par ailleurs, les partenaires d'un projet de mutualisation peuvent être confrontés à des problèmes de financement et du dépassement du budget et des développements ponctuels non réutilisables (site web, intranet, etc.) dans la mesure où les objectifs ne sont pas bien définis. Citons à cet égard, l'exemple de «CommunesPlone»[18] qui a effectuée des dépenses colossales pour élaborer des outils non-conformes à ses besoins.[19] De ce fait, les partenaires doivent définir des objectifs bien définis qui correspondent à leurs exigences dans les limites du budget alloué.

2.6 Mécanismes de régularisation

La production d'un bien collectif de qualité à partir de contributions individuelles volontaires nécessite des formes de régulation. En effet, le développement d'un logiciel selon un mode collaboratif exige la réalisation d'une série d'opérations: mobiliser des développeurs autour d'un projet, assurer une relative continuité de l'implication des participants, vérifier la qualité des contributions, agencer les développements validés en un produit cohérent et opérationnel, etc. À cet égard, Robert Viseur (2006) propose des mécanismes de régularisation pour bien démarrer un projet de mutualisation.[20]

Il rappelle qu'il faut commencer par l'analyse des besoins des partenaires. Il y a, à long terme, la nécessité de concilier des besoins différents. Dés lors, des mécanismes d'adoption doivent être prévus.

Il faut ensuite décrire les règles que les partenaires s'imposent ainsi que les objectifs de la coopération à court, moyen et long terme. Par ailleurs, la question de la répartition des tâches, des financements, des ressources

---

[18] "Le projet CommunesPlone a pour objectif le développement d'applications informatiques par et pour les communes et CPAS en utilisant deux outils libres largement répandus: Zope et Plone". Il regroupe des communes belges et françaises désireuses de faire évoluer leur utilisation informatique dans le cadre d'une plus grande indépendance et d'une meilleure maîtrise. Elles travaillent de manière collaborative, dans un esprit d'entraide et de partage. "http://www.communesplone.org".

[19] "Communes Plone " a développée un site Web très couteux pourtant non réutilisable, qu'un logiciel avec un budget global inférieur mais qui répond à leur besoin.

[20] Robert Viseur, Parlement de la communauté Française de Belgique "Services publics et mutualisation informatique : de la théorie à la pratique", Wallonie-Bruxelles 2006.

humaines ou des rôles directeurs doit également être discutée et spécifiée. En effet, les contributions à des logiciels libres reposent souvent sur des engagements qui ne sont pas encadrés par des obligations monétaires. Pour que ces différentes contributions puissent constituer un logiciel, il est indispensable que les règles de fonctionnements soient spécifiées. Notons de ce fait que, dans les entreprises produisant des logiciels propriétaires, l'organisation du travail est codifiée dans des organigrammes et confiée à une hiérarchie qui contrôle la réalisation des tâches et agence le travail des développeurs.

L'importance de la conception initiale doit être soulignée. Il ne faut pas négliger non plus le travail de préparation du code source. Il faut fournir un code très simple, lisible, documenté et aisément modifiable. Le code source est le premier élément par lequel les contributeurs commencent. S'il est mal écrit ou mal documenté, le code source pourrait décourager les contributeurs et limiter leur incitation.

Il est également important de fournir un code sécurisé. L'ouverture du code source permet de détecter plus rapidement les erreurs et conduit donc à un code de meilleure qualité. Cependant, si un code contenant un grand nombre de failles de sécurité est lancé sur internet, la première période de publication risque d'être particulièrement difficile. Notons, que le *Centre d'Excellence en Technologies de l'Information et de la Communication* CETIC, pratique couramment un travail d'analyse de code et d'audit dans le but de produire un code sécurisé.[21]

Olivier Schneider (2006), précise qu'il y a d'autres mécanismes de régularisation entrant aussi en ligne de compte dans le processus de la mutualisation: mettre en place une organisation et une structure de gouvernance adéquate qui tienne compte des spécificités des partenaires;

---

[21] Le CETIC, Centre d'Excellence en Technologies de l'Information et de la Communication, est actif en recherche appliquée en génie logiciel, en technologies GRID et en systèmes électroniques. Il est un agent de connexion, de transfert de technologie entre recherche universitaire et entreprises.
http://www.cetic.be/indexFR.php3

choisir des rôles et des responsabilités clairs, équitables et proportionnels; mettre en place des processus de prise de décisions transparentes, démocratiques et participatives; assurer une certain sécurité juridique (autrement dit, utiliser des licences bien écrites et compatible avec les besoins des administrations).[22]

III. Comparaison entre le logiciel libre et le logiciel propriétaire

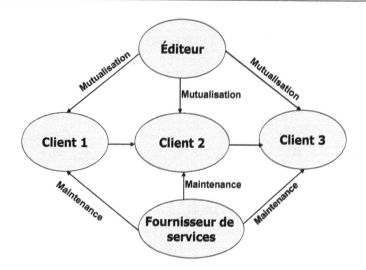

Dans cette partie, nous allons faire une comparaison des logiciels libres et des logiciels propriétaires à la lumière des avantages et des inconvénients de la mutualisation du logiciel libre que nous avons pu avancer dans la section précédente.

La voie des logiciels libres n'est pas la seule option qui permet la mutualisation. Ainsi, dans un cadre propriétaire, différents partenaires peuvent

---

[22] Olivier Schneider, Parlement de la communauté Française de Belgique "Services publics et mutualisation informatique : de la théorie à la pratique", Wallonie-Bruxelles 2006.

développer en commun une application en mutualisant leur développement. Notons que le MFC et le DLL sont des modules propriétaires permettant aux contributeurs de mutualiser leurs efforts.

Par ailleurs, la mutualisation des logiciels libres est une démarche qui permet de satisfaire les clients en leur apportant plusieurs privilèges: les clients ne payent pas deux fois pour la même licence du logiciel (les coûts sont mutualisés). En effet, le prix d'acquisition des logiciels libres favorise une utilisation massive sans la contrainte de paiement de licences multiples pour chaque poste de travail. De même, la maintenance des logiciels libres est facile, car, réalisée à partir d'une même plate-forme qui réunit plusieurs clients, ce qui contribue à la mutualisation des frais de maintenance. L'adhésion à l'ADULLACT (Association des Développeurs et Utilisateurs de Logiciels Libres pour les Administrations et les Collectivités Territoriales) vient souvent parachever ce cheminement. Cette adhésion permet notamment aux administrations ayant développé une solution de la mettre à disposition des autres administrations. Cette notion permet d'expérimenter facilement une idée; elle favorise la diffusion d'un résultat, au même titre qu'une publication. Sa réutilisation contribue à l'accumulation du savoir et du savoir-faire.

Un aspect différenciant l'éditeur de logiciel libre de celui du logiciel propriétaire est son rôle de tiers de mutualisation. En effet, il assure que les projets menés autour de la plateforme: convergent, respectent les règles de développement, ne développent pas deux fois le même module du logiciel. La mutualisation des logiciels libres permet de produire des logiciels qui répondent parfaitement aux besoins propres des partenaires. Cette approche innovante permet de créer des synergies de fait et participent à faire évoluer plus rapidement les logiciels. Ce qui est différent des logiciels propriétaires qui reposent sur la revente de licences et la monopolisation du marché des logiciels.

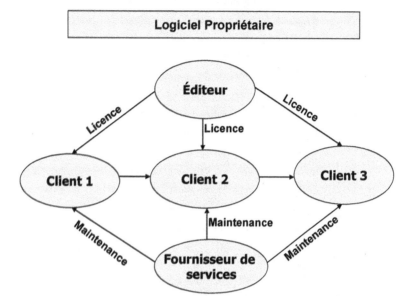

Ensuite il faut garder à l'esprit que les logiciels propriétaires, produits dans un marché monopolistique, présentent un coût de licence artificiellement gonflé. Chaque client est obligé de payer les frais de licence et de maintenance.

Dans le cas d'un logiciel propriétaire, le risque de dépendance est plus grand et conduit, dans certains cas, à faire perdre l'autorité de l'administration et son nécessaire maîtrise de ces activités. Un client est absolument dépendant des sociétés éditrices en cas de problème. Les contrats de service de maintenance classiques sont non seulement chers, mais souvent inefficaces, car la correction d'un bogue passe souvent par l'attente de la version suivante (et de son achat).

Au contraire, les logiciels libres sont plus réactifs et permettent une correction immédiate; mais permettent également aux clients de choisir la solution appropriée à leur problème. Ils peuvent le résoudre eux-mêmes s'ils en ont les moyens, ou sinon louer les services de maintenance d'une société spécialisée qui assure alors un fonctionnement optimal. Dans les deux cas, les clients ont l'assurance du bon fonctionnement de leurs logiciels.

3.1 Partage des coûts de développement et de maintenance

Selon *Carole Buret (2005),* la mutualisation est une approche qui permet de partager les coûts de développement et de maintenance. Le principe est très simple. Un prestataire fédère les ressources de plusieurs entreprises qui ont des besoins proches ou identiques. Il met au point le cahier des charges initiales de façon à couvrir l'ensemble des besoins des entreprises qu'il fédère, puis développe le logiciel grâce au financement de ces entreprises[23]. Cette situation offre plus de choix et de confort aux administrations qui souhaitent partager leurs coûts de développements et de maintenance.

En contreparties, le plus souvent, les administrations qui utilisent les logiciels propriétaires n'ont pas les compétences nécessaires en interne et se retrouvent souvent liées à leur prestataire. Très souvent, le coût des prestations devient alors un frein à l'évolution et la maintenance de leurs applications.

3.2 Maîtrise de l'évolution du logiciel

La mutualisation des logiciels libres se révèle être plus performante et plus efficace en permettant aux administrations de faire du logiciel ce qu'ils en attendent réellement. Elle permet de bien gérer plusieurs administrations pour éviter une prolifération de modifications et de versions de qualité médiocre, et pour bénéficier au mieux de toutes les contributions de valeur.

Les évolutions réalisées avec une administration sont directement reversées aux autres administrations. Les évolutions intègrent leurs logiciels. Petit à petit, le rythme des évolutions augmente, des germes de mutualisation apparaissent et un embryon de club (ou de partenaires) se crée. Tout cela va

---

[23] Carole Buret, « Mutualisation des développements : une méthode de conversion à l'open source », (2005)

dans le sens de favoriser la maîtrise de l'évolution des logiciels dans les administrations.

3.3 Interopérabilité

La mutualisation des logiciels libres a pour but : de renforcer l'interopérabilité des solutions existantes grâce à la mutualisation de l'infrastructure technologique entre les administrations[24]; cette notion permet de manipuler les données sous des formats standards. Ainsi, elle accélère la mise en œuvre des solutions et la maîtrise des coûts relatives aux conséquences espérées de la mutualisation.

Un bon niveau d'interopérabilité des logiciels libres aura pour effet de rationaliser et de pérenniser les investissements des administrations. Par ailleurs, il définira des niveaux de sécurité sur lesquels doivent se caler les applications et les dispositifs afin d'assurer en la matière la cohérence des systèmes amenés à interagir.

3.4 Pérennité du logiciel

La mutualisation des logiciels libres favorise la pérennité par la maîtrise du code source et de son évolution (la licence payante devenant obsolète rapidement) et le partage de l'esprit coopératif entre les administrations.

D'autre part, il ne faut pas oublier les coûts des migrations imposées par les éditeurs de logiciels propriétaires quand ils décident d'arrêter le support de leurs anciennes versions. Les logiciels libres sont plus pérennes, supportés plus longtemps par la communauté, et les migrations, assurées dans la continuité, plus faciles.

La mutualisation des logiciels libres est le principal gage de la pérennité et de la qualité du logiciel, par la diversité des contributions des administrations. Elle assure une grande qualité technique par la mise en concurrence des diverses propositions d'implémentation ou d'évolution. Par exemple, les processus légers du système d'exploitation Linux, essentiels pour

---

[24] Gérard Giraudon, "le logiciel libre objet de recherche et de transfert", (2006)

certaines applications, ont vu le développement en parallèle de douze propositions indépendantes, dont seule la meilleure fut finalement retenue.

3.5 Couverture des besoins fonctionnels

Edouard Vercruysse (2006) souligne dans son article «Les enjeux spécifiques de la mutualisation informatique dans les communes »[25] que la mutualisation des logiciels libres permet de tenir compte des besoins particuliers des partenaires grâce aux modalités de développement de cette approche. En effet, quand on mène un projet de mutualisation commun, on délimite un périmètre d'intérêt collectif, une liste de fonctionnalités qui intéressent tous les acteurs du projet et qui seront reprises dans un noyau central. Autour de ce noyau pourront venir se greffer des modules répondant aux besoins spécifiques des membres du projet.

Le caractère modulaire d'un projet mutualisé de logiciels libres rend l'adoption du produit final possible car prévue dès le début. Une telle possibilité d'adoption existe rarement avec le logiciel propriétaire. Les logiciels propriétaires ont davantage tendance à faire évoluer des techniques plus anciennes. Les dernières versions de Windows 98 sont par exemple encore basées sur Ms-Dos qui date de 1981.

3.6 Rentabilité

Face à ces indicateurs et ces constats observés de notre contexte actuel, la mutualisation des logiciels libres permet une rentabilité maximale des efforts fournis et du temps investi. La mutualisation est un phénomène qui permet de gagner énormément du temps et des ressources, puisque ceux qui veulent ajouter une nouvelle fonctionnalité peuvent réutiliser tous les codes sources existants. La déperdition d'énergie dans le développement est minimisée par les mises à jour fréquentes des améliorations. Il est en effet plus simple de repartir d'un logiciel libre existant et de lui ajouter la fonctionnalité recherchée que de repartir à zéro et d'écrire un logiciel complet. Ceci a une

---

[25] Edouard Vercruysse, chef du service E-communes "Les enjeux spécifiques de la mutualisation informatique dans les communes", (2006)

incidence importante sur leur rentabilité par rapport aux logiciels propriétaires.

Les autres facteurs du succès de la mutualisation des logiciels libres que l'on peut relever sont finalement assez logiques et sont directement liés aux signes indicateurs de bonne maintenance, d'innovation rapide, de nouvelles fonctionnalités et de convivialité (installation, documentation).

3.7 À propos de l'ADULLACT

3.7.1 Statuts

Fondée en 2002, l'ADULLACT « Association des Développeurs et Utilisateurs de Logiciels Libres pour les Administrations et les Collectivités Territoriales » s'est donnée pour tâche de constituer, développer et promouvoir un patrimoine commun de logiciels libres métiers, afin que l'argent public ne paie qu'une fois. L'Adullact dispose d'une équipe permanente, pour encourager et aider les membres à mutualiser leurs développements sur la plate-forme adullact.net qui compte à peu près 225 projets. Structure unique en son genre, l'Adullact était accréditée pour le Sommet Mondial de Tunis.[26]

L'objectif premier de cette association réside d'ailleurs dans différents facteurs. La mutualisation des logiciels libres pour réduire l'enveloppe budgétaire globale consacrée aux dépenses du développement des logiciels représente ainsi le premier facteur souhaité. Vient ensuite la volonté d'un développement plus réactif et enfin la création de nouvelles compétences informatiques en interne.

Par ailleurs, les logiciels qui étaient regroupés, adaptés ou développés par l'association ADULLACT sont librement repris et adaptés aux besoins locaux des collectivités d'autres pays, et les contributions de ces derniers sont utilement reprises par l'ADULLACT. Cette approche induit en effet une dynamique économique fondamentalement basée autour de la mutualisation du développement du logiciel libre considérée comme production de bien commun.

---

[26] http://www.adullact.org

3.7.2 Membres

L'ADULLACT regroupe des individus, des associations (parmi lesquelles l'AFUL, APRIL, la FSF France, l'ABUL), des établissements d'éducation, des entreprises, des administrations centrales, des centres hospitaliers, mais surtout de nombreuses collectivités territoriales (parmi lesquelles des départements, des régions, des communautés urbaines, des communautés d'agglomération, des communautés de communes) et des villes. Au total, à peu près 30 351 300 structures territoriales sont adhérentes de l'Adullact, directement ou indirectement. Ces membres mettent en commun tous les logiciels qu'elles ont financés, ou leurs propres améliorations à des logiciels existants. Les cotisations servent à financer de nouveaux projets de développements des logiciels libres gérer directement par l'ADULLACT, sans que l'association ne garde de contrôle exclusif sur les résultats. Le développement mutualisé concerne plusieurs activités annexes: documentations, cours et tutoriels, contenus standards, modèle d'utilisation, etc.[27]

Les chiffres de l'ADULLACT	
Adhérents "Collectivités Territoriales et Administrations"	93
Adhérents "Établissements hospitaliers"	5
Adhérents « Établissements scolaires »	1
Adhérents « Associations »	32
Adhérents « Individus »	97
Adhérents « Entreprises »	50
Nombre total de structures territoriales adhérentes :	1584
Nombre de contributeurs sur GForge	1 502
Nombre de projets hébergés sur GForge	209
Nombre total de téléchargements sur GForge	74 000
Population totale adhérente	30 351 300

Source : Lettre de L'Adullact N°17 novembre 2005 [28]

---

[27] ADULLACT, derniers articles des membres
[28] Lettre de l'ADULLACT, Novembre 2005.

3.7.3 Activité

L'activité de l'ADULLACT s'articule autours d'un réseau de sites web, convergeant tous vers le site institutionnel **http://www.adullact.org**

Site Web	Description
ADULLACT	Site institutionnel, le premier site déployé par l'ADULLACT a pour vocation de maintenir les visiteurs informés de l'activité de l'association et de relayer l'ensemble des informations relatives au monde du libre.
GFORGE ADULLACT	GForge ADULLACT centralise les projets portés par l'ADULLACT sur un même serveur afin de permettre facilement aux développeurs et aux utilisateurs de passer d'un projet à un autre pour tester ou pour participer.
ADULLACT MAGASIN	Le magasin de l'ADULLACT propose les logiciels récents (moins de 18 ou 24 mois) issus de GForge ADULLACT, testés, fiabilisés, avec procédure d'installation et documentation (ouvert aux seuls membres).
ADULLACT GRENIER	Le grenier de l'ADULLACT propose les logiciels issus du magasin de l'ADULLACT ayant plus de 18 mois d'ancienneté, ainsi que des liens vers les logiciels qui font références dans le monde du libre (ouvert à tous).
ADULLACT E- MARIE.FR	Réunissant exclusivement des outils de gestion sous licence libre, e-mairie.fr, la première mairie virtuelle libre, propose une solution web complète et conviviale pour la gestion interne et externe de votre collectivité.
ADULLACT INTEROPABILITÉ	interoperabilite.org fédère le travail de normalisation des collectivités et des grands éditeurs de logiciels métiers qui acceptent de travailler ensemble.
ADULLACT Démonstration	Le site de démonstration en accès libre de l'ADULLACT a pour objectif de proposer une visite interactive des applications majeures présentes sur le magasin.

Source: http://www.adullact.org/rubrique.php3?id_rubrique=76

3.7.4 GForge ADULLACT « adullact.net »

Le principe de ce portail est de centraliser l'ensemble des projets portés par *l'ADULLACT* sur un même serveur, afin de permettre facilement aux développeurs et aux utilisateurs de passer d'un projet à un autre, pour tester ou pour participer dans un plate-forme coopérative des collectivités. Au travers de son site de développement, *l'ADULLACT* souhaite donner un sens concret à l'idée de mutualisation des efforts des collectivités membres.[29]

adullact.net s'appuie sur *GForge*, un fork libre de *sourceForge* conçu pour être installé, qui intègre un support *Jabber* et des fonctionnalités nouvelles (diagrammes de Gantt par exemple). L'ensemble des projets sont hébergés au format CVS, afin d'obtenir des historiques précis des projets en cours.[30]

En parallèle, *l'ADULLACT* propose des séminaires de transfert de compétence ayant pour vocation de familiariser les participants avec les ateliers de développements coopératif GForge *ADULLACT* et avec la gestion de projets mutualisés qui en découle.

3.7.5 Les Projets remarquables de l'ADULLACT

L'ADULLACT met en place des projets informatiques libre répondant aux besoins exprimés par ses adhérents. Avec l'aide de son équipe permanente et d'une ou plusieurs collectivités pilotes, l'ADULLACT spécifie le champ fonctionnel des projets, fédère les ressources et coordonne les compétences au sein de la communauté qui l'entoure. Dans cette partie nous allons aborder les projets les plus remarquables développés par l'ADULLACT.

---

[29] *GFORGE ADULLACT* "http://adullact.net"
[30] CVS " Concurrent Versions System " est un outil qui permet de suivre l'historique des fichiers de type " texte ". Il est donc particulièrement adapté pour la gestion des fichiers sources dans le cadre d'un développement coopératif.

• UPCT.ORG

Ce projet vise à produire de manière collaborative (via des remontées de traces issues de GPS de randonnées) des cartes du monde libres; des cartes où tout le monde peut écrire, dessiner et raconter son histoire, sa vision du territoire, etc.[31]

Tous les points, toutes les traces, toutes les histoires déposées sur le serveur appartiennent à leurs auteurs. Ainsi, les cartes obtenues sont libres de copie, de modification, de réutilisation dans le respect du droit d'auteur.

• E-mairie ou la normalisation des échanges électroniques

L'ADULLACT lance, par le biais de son site e-mairie un pôle «interopérabilité ». Ce pôle ouvert aux collectivités locales, a pour objectif de définir et faciliter le recours aux normes et standards de l'échange automatisé. E-mairie s'occupe de fournir aux collectivités locales des avis et recommandations sur la gamme des normes et des standards disponibles pour développer leurs échanges électroniques. Pour chaque domaine, e-marie affiche publiquement les normes et standards, ainsi que leurs scénarios d'usage les plus courants.[32]

Le projet E-marie est destiné d'une part à promouvoir l'usage par les collectivités locales de standards généraux, communément adaptés par la plupart des agents économiques, d'autre part à définir les standards qui leur sont propres du fait de leurs rôles, de leurs missions et des conditions de l'exercice de ces missions.

• Mutualibre

Le projet intéresse les collectivités, les administrations, les associations et les hôpitaux. *« Mutualibre »* se propose de bâtir une solution générique de petit serveur qui pourra être adaptée à toute communauté et à tout métier, dans des configurations variées: monoposte, serveur dédiés, serveurs virtuels sur une même machine, serveurs redondants, etc.

---

[31] UPCT.ORG
[32] Mairie Virtuelle, http://www.e-mairie.fr/

«Mutualibre» s'adresse à tous les développeurs et chefs de projets de solutions réseaux qui veulent rejoindre l'équipe à l'initiative du projet et apporter leur contribution.[33]

«Mutualibre» est une charte, un projet, qui a pour but de réunir de nombreux projets qui ont des besoins proches ou identiques comme (SLIS, SLAES, Pingoo, SambaEdu, AbulEdu, Eole, ModulR), ou du moins de les fédérer à travers un projet commun concernant particulièrement les solutions réseau, tout en leur permettant de conserver leur originalité.

• *Adullact-Santé*

L'ADULLACT a ouvert un site spécifique http://sante.adullact.org/ dédié aux "logiciels génériques" pour la santé. Ce site portail a pour objectif de mettre à disposition des collectivités et des entreprises un outil qui centralisera toutes les ressources informatique de santé. Au travers le site web http://sante.adullact.org, Il y a toute une communauté de développeurs qui contribuent continuellement à une idéale mutualisation.

L'objectif de ce projet est de fournir aux membres des professions médicales et paramédicales des logiciels libres de gestion de la consultation, des prescriptions et des actes administratifs, tant en milieu libéral qu'hospitalier.

• *PDMP (Places Des Marchés Publics)*

L'ADULLACT a finalisée la création d'un outil de référencement des appels d'offres, et plus largement des achats. Le portail *http://ra.placedesmarchespublics.fr* a pour objectif de mettre à disposition des collectivités et des entreprises un outil qui centralise toutes les consultations relatives aux achats publics.

---

[33] Le consortium Mutualibre, Janvier 2003.

3.8 À propos de l'EDOS

EDOS (Environnement pour le développement et la distribution de logiciels Open Source) est un projet qui vise à gérer la complexité de projet de grande taille dans le domaine du développement Open Source. Il réunit des chercheurs, des éditeurs de distribution et des sociétés de services en logiciel libre, pour proposer des nouveaux outils qui permettent d'augmenter la productivité et la qualité dans le domaine de développement de logiciels libres.[34]

Financé par la commission européenne à hauteur de 2,2 millions d'euros, le projet EDOS prévoit le développement de deux applications principales:

✓ *La première application:* permettant de garantir l'assemblage des différents modules développés par les pairs. C'est une application distribuée, de type peer-to-peer. Elle est conçue pour simplifier l'intégration des différentes parties logicielles qui composent par exemple un système Linux. Le passage d'un système centralisé à un système distribué permettra d'augmenter fortement l'efficacité du processus.

Des relations de dépendance excessivement nombreuses et compliquée entre les différents composants émergent systématiquement dans des projets de grandes tailles, où chaque module dépend de plusieurs autres pour son bon fonctionnement. Les membres de l'EDOS mettent à profit les outils théoriques de l'informatique pour trouver des solutions aux problèmes de la complexité du développement des logiciels libres en facilitant les interactions entre les différents intervenants du projet.

✓ *La deuxième application:* concerne la question du test de qualité. Cette application intègre un système de test qui est à la fois complètement automatisé et suffisamment généraliste permettant de renforcer la qualité des logiciels développés. Le développement d'outils pour rendre le processus de test plus efficace fait aussi partie du programme EDOS.

---

[34] Frédérique, «EDOS, de la recherche et du développement libre en Europe », Décembre 2004.

La composition du consortium EDOS

Participants au projet EDOS	
Institutions de recherche	Entreprises
✓ INRIA, France (coordinateur de projet) ✓ Université Paris VII, France ✓ Université de Tel-Aviv, Israël ✓ University of Geneva, Suisse ✓ University of Zürich, Suisse ✓ CSP Torino, Italie	✓ Edge-IT, France ✓ Nuxeo, France ✓ NEXEDI, France ✓ SOT, Finlande

Source : http://linuxfr.org/2004/12/22/17957.html

Tel qu'illustré sur la figure ci-dessus, on constate que le projet EDOS réunit six laboratoires de recherche et quatre sociétés du monde des logiciels libres dont l'objectif de créer ou améliorer des outils permettant la mise en place de projets de logiciels libres complexes.

Dans le cadre du projet EDOS, le rassemblement des éléments constitutifs d'un logiciel libre ou d'une distribution GNU/Linux est réalisé selon les trois règles suivantes[35]:

• *Récupération des sources externes et adaptation au projet en question:* la récupération et la recompilation des sources par divers outils permettent d'automatiser au maximum les mises à jour des éléments externes. Par exemple, dans le cas d'une distribution, cela revient à récupérer automatiquement certaines nouvelles versions de logiciels, les recompiler, et créer un nouveau paquet accompagné d'un ensemble de tests unitaires.

---

[35] EDOS, la Communauté Européenne donne 2,2 millions d'euros pour améliorer les outils de création des logiciels libres, Posté par warly, le 22 décembre 2004.

• *Compilation, intégration et création du produit (paquets, images ISO, répertoires):* Intégration de nouveaux éléments, validation et mise à jour du projet. Cette étape consiste à recompiler l'ensemble de la distribution ou la partie dépendante de l'élément, ainsi que l'exécution d'un jeu de tests prédéfinis. On génère ensuite le produit tel qu'il sera diffusé, sous forme d'image ISO, de paquet, ou simplement d'une arborescence.

• *Diffusion :* la dernière partie concerne la diffusion, avec la création d'un outil destiné à améliorer la disponibilité du projet, tout en augmentant sa cohérence. L'idée est de mettre en place un réseau pair à pair[36] où plusieurs révisions du produit sont effectuées de manière répartie. Rappelons qu'un réseau P2P classique permet d'exploiter les ressources d'un nombre virtuellement infini d'ordinateurs, en répartissant les charges sur chacun d'entre eux et en organisant de façon automatique la collecte des résultats.

Cependant, et à la différence des outils pair à pair classiques, cette diffusion devait être capable, par exemple dans le cas d'une distribution, de retrouver à la fois les éléments constitutifs d'un élément à partir de plusieurs sources, comme le font la plupart des outils pair à pair, mais aussi de pouvoir reconstituer, dans une certaine mesure, un état cohérent du projet à partir de sources désynchronisées.

Le projet EDOS a pour but d'apporter des solutions nouvelles, ou de construire sur des solutions existantes, pour améliorer ces trois parties, ainsi que leurs interactions. Le but étant de rendre les cycles plus rapides et plus simples, par exemple améliorer le temps entre la création d'un correctif, son intégration dans le projet, sa diffusion et sa validation par des utilisateurs.

---

[36] « pair à pair » : n'est en fait qu'un protocole réseau dans lequel les participants ne sont pas soit serveur soit client, mais les deux à la fois.

IV. Pôle de compétitivité dédié aux logiciels libres

4.1 Définition

« Un pôle de compétitivité se définit comme la combinaison, sur un espace géographique donné, **d'entreprises**, de centres de **formation** et d'unités de **recherche publiques ou privées**, engagés dans une **démarche partenariale** destinée à dégager des synergies autour de projets au caractère innovant. Ce partenariat s'organisera autour d'un marché et d'un domaine technologique et scientifique qui lui est attaché et devra rechercher la masse critique pour atteindre une compétitivité mais aussi une visibilité internationale». (CIADT, dossier de presse, 2004).[37]

Un pôle de compétitivité résulte de la combinaison, sur un espace géographique, de trois ingrédients (entreprises + centres de formation + unités de recherche) et de trois facteurs décisifs (partenariat + innovation + visibilité internationale).

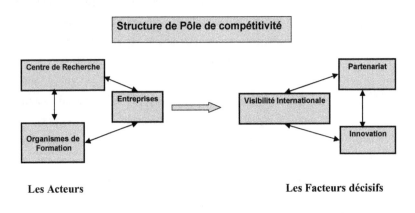

Les Acteurs   **Les Facteurs décisifs**

[37] Comité interministériel d'aménagement et de développement du territoire, septembre 2004.
CIADT: comité interministériel d'aménagement et le développement du territoire, France

Un pôle de compétitivité est caractérisé par son grand dynamisme et le grand potentiel d'interactions entre: les entreprises, les centres de formation et les unités de recherche, publiques et privées. Il permet une ouverture vers l'extérieur pour conquérir de nouveaux marchés, attirer des investisseurs ou nouer des partenariats. Dans le domaine des logiciels libres la coordination est indispensable[38]. Elle favorise des collaborations scientifiques à forte valeur ajoutée et une fertilisation croisée des compétences. En effet, c'est en exploitant au maximum les possibilités de collaboration horizontale en matière de développement que Linus Torvalds a pu mener son projet à terme, projet qui a rendu visible aux yeux du grand public la performance des logiciels libres. Cette collaboration des acteurs du pôle permet non seulement d'accélérer le travail, mais fait aussi en sorte que les logiciels développés soient la réponse la plus adéquate à certains besoins.

Toujours dans cette mouvance, François BANCILHON souligne les avantages attendus d'un pôle de compétitivité pour les PME opérant dans le développement des logiciels libres: «*Mandriva est actuellement le seul éditeur de système Linux européen. Avec une équipe répartie entre la France et le Brésil, Mandriva diffuse dans 140 pays un produit traduit dans plus de 80 langues. Dans la compétition systématique que nous menons contre nos concurrents américaine, notre capacité d'innovation et notre investissement en R&D est une arme essentielle. En inscrivant cet effort de recherche dans le cadre d'un pôle de compétitivité, nous renforcerons notre potentiel de recherche. Notre collaboration accrue avec les PME francilienne du logiciel libre et les centres de recherche de la région améliorera nos produits et leur compétitivité et permettra aussi à ces PME de trouver des débouches internationaux à leurs produits* ».[39]

Dans cette perspective, un pôle de compétitivité recèle des ressources de créativité considérables. Il constitue un mode de développement coopératif, innovant, mais aussi un facteur d'indépendance et d'équilibre industriel et politique pour les entreprises qui visent à renforcer leurs potentiels dans la

---

[38] Bastien Guerry, Logiciel libre et innovation technique, juin 2001
[39] Communiqué de presse du 05 Décembre 2006 du Ministre français de l'Économie, de Finance et de l'Industrie portant sur la création d'un pôle de compétitivité dédié aux logiciels libres.

recherche. Leurs inventions créent une nouvelle façon de vivre ensemble, font qu'un très grand nombre d'acteurs communiquent entre eux, que certaines entreprises puissent accéder à des technologies à bas coûts pour améliorer leur compétitivité. En travaillant ensemble les acteurs d'un pôle de compétitivité trouveront des synergies qui leur permettront de développer des projets plus importants.[40]

Or, le défi du logiciel libre est avant tout économique. Suzanne Rivard, Guylaine Poirier, Louis Raymond, François Bergeron (1994) soulignent dans leur article *"Development of a measure to assess the quality of User-Developed applications"* que le manque de ressources consacrées aux technologies de l'information (TI) se révèle pour certaines organisations un frein majeur[41]. La mobilisation des capitaux apparaît donc comme une condition essentielle au dynamisme économique. Ceci suppose que l'ensemble de l'économie bénéficie du patrimoine des logiciels libres et fasse le meilleure usage possible en terme de coûts afin d'en retirer un avantage compétitive.[42]

Par ailleurs, la création d'un pôle de compétitivité permet aux acteurs d'une région de travailler ensemble sur des projets de R&D communs à visibilité internationale; de mutualiser leurs efforts dans la mesure où elles peuvent sauver du temps et de l'énergie dans le développent des logiciels libres. La masse critique du pôle leur offre également la possibilité de respecter les standards internationaux dans le domaine des TIC, de créer le ralliement et le soutien pour l'ensemble de cet écosystème.[43]

Au-delà de tous les avantages cités précédemment, l'un des buts ultimes d'un pôle de compétitivité est de pouvoir créer des partenariats collaboratifs et ainsi bénéficier des synergies de groupe pour accroître la compétitivité des acteurs du pôle face à l'hégémonie de Microsoft et faire le choix de jouer un rôle dans cette nouvelle compétition mondiale. C'est ce que

---

[40] http://www.lyonbiopole.org/poles-de-competitivite/contexte-et-definition-46-1.html
[41] Development of a measure to assess the quality of User-Developed applications, Suzanne Rivard, Guylaine Poirier, Louis Raymond, François Bergeron (1994)
[42] Forum économique chambre de commerce de Québec «Agir ensemble sur l'économie régionale»2007
[43] Forum économique 2007, choisir pour grandir «Chambre de Québec, Agir ensemble sur l'économie régionale».

sembler soutenir Thierry BRETON dans son communiqué de presse, ministre français de l'Économie, de l'Industrie et des Finances, qui a amorcé la création d'un pôle de compétitivité dédié aux logiciels libres, pour fédérer les talents et les compétences des acteurs des logiciels libres.[44] Cela permet aussi de lutter plus efficacement contre la désindustrialisation et les délocalisations, en confrontant l'ancrage des capacités existantes et en attirant de nouvelles capacités en matière de développement des logiciels libres.

4.2 Le concept de cluster

Le concept de cluster semble s'apparenter à celui de pôle de compétitivité. Il devient dès lors d'éclaircir ces deux concepts.

Un cluster peut être défini comme "*une concentration géographique d'acteurs unis par des chaînes de valeur économiques, évoluant dans un environnement bénéficiant d'infrastructures de soutien, partageant une stratégie commune et visant à attaquer un même marché*" (Cooke et Huggins, 2002). Un cluster comprend donc des entreprises, des institutions gouvernementales et privées. Ces acteurs sont reliés par une ou plusieurs chaînes de valeur, définies comme la combinaison d'activités complémentaires constituant une offre pour un marché donné.[45]

Au début des années 90, dans son ouvrage «*The compétitive avantage of nations*», l'économiste américaine Michaël Porter, met en évidence la notion de pôle de compétences «*compétitive clusters*» qui rassemble sur une même zone géographique et dans un domaine d'activité spécifique, une masse critique de ressources et de compétences procurant à cette zone une visibilité internationale dans la compétition économique mondiale.[46] Dans ce sens, Porter souligne qu'un pôle de compétences (*compétitive clusters)* repose sur quatre déterminants stratégiques qui se renforcent les uns les autres. Ce qu'il appelle le « diamant » est composé des facteurs de production, des conditions de la demande, de la rivalité et des stratégies des entreprises du secteur, et

---

[44] Commentaires et réactions des porteurs du projet du pôle de compétitivité des logiciels libres

[45] *"Geographically proximate firms in vertical and horizontal relationships involving a localized enterprise support infrastructure with shared development vision for business growth, based on competition and cooperation in a specific market field".*

[46] Michel Porter, l'avantage concurrentiel, InterÉditions, Paris, 1986.

enfin de secteurs d'activités connexes performants (PORTER, 1990). Selon Porter, la présence équilibrée de ces quatre éléments-clés dans un cluster favorise le développement économique de la région dans laquelle il est implanté.

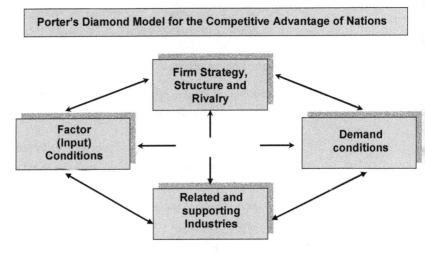

Source: Conférence de Michaël Porter, 6ème congrès «Institut de la compétitivité », Suède, 2003

Dans un sens, les concepts de clusters et de pôles de compétitivité sont très proches. Ils sont tout les deux caractérisés par une concentration géographique d'entreprises et d'institutions interconnectées participant à un même système d'offre. Les « clusters » et pôles mettent tout les deux l'accent sur la compétitivité du territoire notamment dans sa capacité à gérer une ou plusieurs chaînes de valeur.

Cependant, une petite distinction existe dans le sens qu'un cluster (ou une chaîne de valeur) réunira des organisations dont les **compétences sont complémentaires** tandis qu'un pôle de compétitivité réunira des organisations dont les **compétences sont similaires.** Richardson (1972)[47], par un exemple simple, illustre cette distinction entre complémentaires et similaires : ainsi,

---

[47] "While the activity of retailing toothbrushes is complementary to their manufacture, it is similar to the activity of retailing soap" (Richardson, 1972, pp. 889-890).

vendre une brosse à dent et vendre un savon sont des activités similaires, elle mobilise les même compétences (savoir vendre) tandis que produire une brosse à dents et vendre une brosse à dents sont des activités complémentaires (elle porte sur un même marché: les brosses à dent).

La plupart des études sur les clusters mettent en effet en valeur le fait que les clusters créent une véritable valeur ajoutée grâce aux effets de synergies de compétences et/ou d'actifs complémentaires dans un but d'améliorer les produits, la productivité et l'accès à de nouveaux marchés. Ce qui assure en effet la croissance et la compétitivité d'un cluster, c'est sa capacité à combiner des compétences complémentaires. Ici, la façon dont la connaissance est créée, partagée, capitalisée transférée est essentielle.

Le modèle des clusters se trouve en fait au cœur du développement économique. Il va au-delà de la simple recherche d'économie d'échelle entre entreprises concurrentes (mutualisation des moyens de production), mais crée des synergies entre différents acteurs, suscite une croissance endogène (multiplication des innovations) et joue un rôle d'aimant en termes d'attractivité.[48]

Porter souligne par ailleurs que les agglomérats (*compétitive clusters*) peuvent influencer la concurrence de trois manières: accroître la productivité des entreprises dans l'agglomérat; développer des produits innovants et en adéquation avec les besoins du marché et stimuler de nouvelles entreprises dans le secteur d'activité.[49] À titre d'exemple voici quelques agglomérats (*compétitive clusters*) bien connus:

---

[48] Nicolas Jacquet, Daniel Darmon «Les pôle de compétitivité, le modèle français», 2005
[49] Michel Porter, l'avantage concurrentiel, InterÉditions, Paris, 1986

Pays	Nom d'agglomérat
Etats-Unis	La Silicon Valley «les ordinateurs»
Pays Bas	Rotterdam «la logistique »
Inde	Bangalore «outsourcing informatique »
Espagne	La région Catalogne «microélectronique, télécommunications, la santé ou l'environnement»
Israël	Agglomérat de l'université de d'Haïfa «aéronautique, électronique civile et défense »
Allemagne	Kompetenznetze «la médecine et la biologie technologique»

Source: Nicolas Jacquet, Daniel Darmon «Les pôle de compétitivité, le modèle français», 2005, pp.:45-56

4.3 Les intérêts grandissant de la labellisation des pôles de compétitivité

En France, les partenaires associés aux pôles de compétitivité labellisés bénéficient de trois types de mesures incitatives: des subventions publiques, des exonérations fiscales et des allègements de charges sociales, des systèmes de financement et de garantie spécifiques. En ce sens, la labellisation des pôles de compétitivité donne aux acteurs le droit à des subventions en R&D auprès des organismes subventionnaires comme « l'Agence de l'Innovation Industrielle (AII) et l'établissement public à caractère industriel et commercial (EPIC)». Cela constitue en effet des ressources supplémentaires pour le développement des activités des entreprises adhérentes au pôle.

Cependant, l'attribution de l'ensemble des appuis financiers (allégements fiscaux, allégements des charges sociales, fonds d'intervention de l'État) est conditionnée à l'engagement des bénéficiaires de ne pas délocaliser les activités du pôle.

Au-delà de l'important soutien financier précédemment décrit, chaque pôle labellisé fait par ailleurs l'objet d'un suivi individualisé par un comité de coordination mis en place par le préfet de région. Ce comité est chargé d'élaborer un contrat cadre définissant le fonctionnement du pôle, sa stratégie, ses priorités de recherche ainsi que les critères d'évaluation des résultats.[50]

4.4 Les bénéfices d'un pôle de compétitivité

Innovation

La politique d'un pôle de compétitivité vise à stimuler l'innovation et accroître la compétitivité des acteurs pour leur permettre de créer de nouvelles richesses à forte valeur ajoutée. C'est une politique industrielle qui est d'autant plus efficace quand ses acteurs sont regroupés dans des entités développement des synergies de proximité.

Dans des travaux récents, Bessen et Maskin (2000) mettent en avant l'argument que, dans une industrie comme le logiciel, l'innovation est à la fois *séquentielle*[51] et *complémentaire*.[52] A cet égard, les innovations d'un pôle de compétitivité ne procèdent pas uniquement de la création de nouvelles idées, mais aussi de la combinaison ou recombinaison d'idées ou innovations déjà existantes. Ces nouvelles combinaisons permettent de créer à leur tour de nouvelles combinaisons et innovations. L'objectif est ainsi de créer un environnement scientifique et technique qui consiste à créer de nouvelles méthodes ou concepts qui permettent de développer, en association avec des connaissances existantes, des nouvelles connaissances qui répondent parfaitement aux besoins actuels des entreprises.[53]

Par ailleurs, Kevin Stolarick, Richard Florida, Louis Musante, affirment que plus la diversité et la pluralité des individus de talent règnent dans une région, plus grandes sont les chances qu'elle attire des gens créatifs possédant des compétences et des idées différentes. De ce fait, un pôle de

---

[50] Nicolas Jacquet, Daniel Darmon «Les pôle de compétitivité, le modèle français», 2005 p.83

[51] dans le sens du caractère cumulatif du progrès technique, chaque invention successive prenant appui sur les précédentes.

[52] dans le sens où des recherches menées en parallèle et avec des approches différentes sur un même sujet accroissent la probabilité de réussite à horizon temporel donné.

[53] Marcel Boyer, Jacques Rober «L'économie du logiciel libre est, recommandations en vue d'une politique gouvernementale à l'égard du logiciel libre.

compétitivité est plus susceptible de favoriser une circulation rapide des connaissances propres à générer plus d'innovation et de créativité.[54]

Le rôle d'un pôle de compétitivité dédié aux logiciels libres est précisément d'encourager la divulgation des secrets commerciaux entre les acteurs afin de permettre la réutilisation par d'autres de l'innovation. Ceci permet à une entreprise de reprendre une innovation déjà créée et divulguée afin de la combiner à d'autres innovations pour créer un nouveau produit. Ce principe de la fertilisation croisée des idées est au cœur du processus de développement des logiciels libres dans un pôle de compétitivité. Il permet une ouverture sur les opportunités d'alliances et de partenariats entre les entreprises, de développer les fonctionnements en réseaux pour réduire leurs coûts de transactions ou faire face à des investissements en R&D très importants.

Emploi

Quand un pôle de compétitivité se développe, c'est de l'emploi au niveau local qui se crée. Cela permet aussi d'attirer et de conserver des gens talentueux pour améliorer les logiciels libres qui seront utilisés par les entreprises. Un pôle de compétitivité génère une indépendance technologique et un cadre pour la libre concurrence, il stimule le marché et enrichit le patrimoine commun de la connaissance, en ouvrant des alternatives pour générer des services de grande valeur ajoutée et de meilleur profil de qualité profitant à tous les acteurs: Centre de Recherche, Organismes de Formation, Entreprises.

Un pôle de compétitivité dédié aux logiciels libres est une source pour la création d'emploi. Aujourd'hui, il reste difficile de trouver des compétences en développement des logiciels et ce malgré les dizaines de milliers de développeurs formés chaque année en Inde, en France, au Canada ou ailleurs. La réalité c'est qu'on ne manque pas d'emploi dans le domaine de développement des logiciels libres. La demande est forte. Le marché du travail connaît des tensions sur certains profils rares comme les développeurs

---

[54] Kevin Stolarick, Richard Florida, Louis Musante « Montréal, ville de convergences créatives: Perspectives et Possibilités »

J2EE, PHP, Xul, Ajax, ou Python, ou les spécialistes des architectures orientées services, des PKI, des annuaires openLDAP, des messageries open source, ou des outils de supervision tel Nagios. En France par exemple, la pénurie des développeurs qualifiés est d'autant plus forte. Faute de trouver suffisamment de jeunes diplômés formés, les sociétés de services se tournent vers les contributeurs des communautés open source.

Dans cette perspective, un pôle de compétitivité en occasionnant le partage de compétences permet de répondre à la pénurie de la main d'œuvre dans certains domaines de développement des logiciels libres. Il permet de mobiliser tout le savoir-faire nécessaire dont on a besoin pour la réalisation des projets d'envergure de logiciels libres et par là de lutter contre la délocalisation des compétences.

Au vu de cela, un pôle de compétitivité dédiée aux logiciels libres constitue une vraie opportunité de la création d'emplois pour le tissu économique de la région de Québec. Le Québec et le canada doivent de ce fait engager une politique industrielle forte de soutien à la création d'un pôle de compétitivité qui rassemblerait les mondes scientifiques, académiques et les entreprises du monde du libre pour lutter contre la délocalisation des compétences.

L'ambition : une nouvelle stratégie de développement industriel des logiciels libres

Dans un monde en évolution permanente et de plus en plus concurrentiel, l'industrie des logiciels libres doit faire preuve d'une plus grande réactivité, grâce à une meilleure capacité à développer des nouveaux logiciels qui répondent aux besoins des entreprises. C'est la raison pour laquelle il est apparu nécessaire, d'établir un pôle de compétitivité qui combine mieux que par le passé le territoire, l'innovation et l'industrie.

En se basant sur le *rapport de Christian Blanc «Pour un écosystème de la croissance»*[55] (2004), le développement économique d'un pôle de

---

[55] Christian Blanc, «Pour un écosystème de la croissance », rapport au premier ministre, 2004

compétitivité s'explique par les liens de proximité entre entreprises, universités et centres de recherche. De ce fait, la mise en commun des ressources et des compétences et l'instauration d'une collaboration étroite entre tous les acteurs permettra le développement industriel des logiciels libres, nécessaire à la construction d'une croissance durable dans la région de Québec. La Silicon Valley aux États-Unis est d'ailleurs un bon exemple des effets bénéfiques résultant d'une concentration de ressources, des synergies et du savoir-faire sur un même territoire, aux fins d'atteindre une taille critique permettant l'obtention d'un avantage concurrentiel dans la compétition internationale.

Compétitivité, attractivité : lutter contre le risque de délocalisation

Selon Nicolas Jacquet et Daniel Darmon, *"l'objectif d'un pôle de compétitivité est d'atteindre, sur un espace géographique de dimension variable, une masse critique sur les plans économique, scientifique et technique, à l'image de ce qui se passe déjà dans de nombreux pays, pour maintenir ou développer le dynamisme et l'attractivité des territoires face à une concurrence internationale croissante".*[56]

La vocation d'un pôle de compétitivité dédiée aux logiciels libres est donc de maintenir ou développer le dynamisme et l'attractivité des territoires de la région de Québec face aux mutations économiques nationales et internationales. La vertu d'un pôle de compétitivité est de décloisonner, de construire de nouveaux partenariats, de nouvelles solidarités sur des bases territoriales qui permettront de mieux affronter les logiques de la mondialisation.

En effet, la création d'un pôle de compétitivité n'est pas une manœuvre hasardeuse. L'ambition est de relancer la croissance, en permettant le renouvellement de l'offre industriel des logiciels libres qui doit rester solide face à la concurrence, regagner des marchés forts, et lutter contre le risque des délocalisations.

---

[56] Nicolas Jacquet, Daniel Darmon «Les pôle de compétitivité, le modèle français», 2005

La démarche des pôles de compétitivité s'inscrit dans l'ambition des acteurs de construire ensemble de nouvelles compétitivités qui permettront à Québec de rester dans l'enjeu de la production mondiale des logiciels libres. Cette politique permettra de donner au territoire plus de dynamisme et des moyens indispensables à la réalisation des projets d'envergure de logiciels libres, tout en intégrant bien les logiques territoriales et la fertilisation croisée recherche/industrie/territoire.

Dans cette perspective, la création d'un pôle de compétitivité dédié aux logiciels libres favorisera le rayonnement international de Québec, puisqu'il permet de regrouper les plus grands projets collaboratifs du monde du libre dans le secteur des TI (Linux, Apache, Open-Office, etc.). Grâce aux partenariats multiples pour concentrer les ressources et ainsi mutualiser la R et D afin de maîtriser les technologies, les entreprises d'un pôle de compétitivité pourront produire des innovations à un rythme soutenu.

Un instrument d'accélération des synergies entre les initiatives locales

Nicolas Jacquet et Daniel Darmon, soulignent que le lancement d'un pôle de compétitivité constitue *"un instrument de formalisation, d'approfondissement et d'accélération des synergies existantes, permettant de passer à une vitesse supérieure"*. On peut affirmer de ce fait que le développement collaboratif dans un pôle de compétitivité produit des logiciels dans un délai plus court que le développement traditionnel. La politique du pôle de compétitivité vise à tirer le meilleur parti des effets de levier de l'ensemble pour partager les résultats des travaux de recherches entre les entreprises, les organismes de recherche et de formation et les collectivités territoriales. Les acteurs adhérents viennent apporter leur savoir et leur compétence pour accélérer les échanges au profit du développement du pôle.

Faciliter l'accès aux financements

L'émergence d'un pôle de compétitivité permettra aux acteurs d'obtenir des ressources financières supplémentaires pour le développement des projets d'envergure, surtout dans la phase du démarrage où il est difficile d'obtenir des crédits bancaires du fait du risque financier encore relativement élevé et l'incertitude de la réussite des projets de logiciels libres. Dans cette optique, un pôle de compétitivité permet de faire bénéficier les acteurs des moyens financiers nécessaires au démarrage des projets des logiciels libres.

Les intérêts grandissant d'un pôle de compétitivité dédié aux logiciels libres

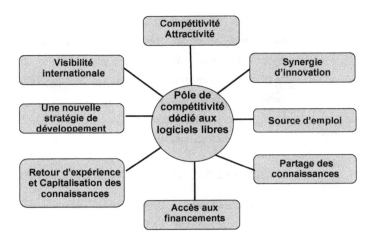

4.5 Les facteurs de succès d'un pôle de compétitivité dédié aux logiciels libres

- *Création d'activité et de valeur ajoutée pour les acteurs:* Un pôle de compétitivité dédié aux logiciels libres doit être créateur de richesses nouvelles à forte valeur ajoutée. En effet, l'objectif final d'un pôle est bien d'améliorer la compétitivité des acteurs sur les marchés internationaux de taille importante ou à fort potentiel, et donc aussi la création d'emploi et d'activités de recherches entre centres de recherches et entreprises travaillant autour des projets communs de développement des logiciels libres.

- *La Visibilité Internationale :* un pôle de compétitivité dédié aux logiciels libres devra à l'horizon représenter une masse critique suffisante, permettant d'atteindre une compétitivité et une visibilité internationale. Cela correspond vraiment à un vrai besoin. Une des idées fortes d'un pôle de compétitivité, est de favoriser le travail en réseau d'entreprises qui, seules, ne seraient pas suffisamment visibles sur le marché international. Ensemble, leur compétitivité s'accroît et leur taille leur ouvre la voie vers l'innovation, en d'autres termes la recherche. Ceci contribue à amplifier leur visibilité au plan international qui constitue un facteur d'attractivité à ne pas négliger.

- *le partenariat et le mode de gouvernance:* dans un projet de logiciels libres, les rôles et les responsabilités des acteurs du pôle doivent être clairement définis et le mode de gouvernance bien précisé. En effet, la qualité des partenariats établis et le mode de gouvernance sont des éléments déterminants de la réussite d'un pôle de compétitivité. La façon dont les partenaires vont concrètement mettre en ouvre le projet du pôle (modalités pratiques du partenariat, équipe de pilotage, leader, etc.) sont aspects à prendre en compte dans la mise en œuvre d'un pôle de compétitivité.

De même, la mise en place des structures de gouvernance (membres du pôle, statut juridique, représentant légal, liste des organismes participants, procédures d'approbation des projets, etc.) jouent un rôle déterminant dans la phase de démarrage, pour le rapprochement des membres du pôle et l'émergence et le choix des projets de R&D stratégiques. Ces structures permettent en outre de s'assurer que les PME, représentées quasisystématiquement au conseil d'administration, participent effectivement à la définition de la stratégie du pôle.

- *la stratégie de développement économique du pôle :* la stratégie de développement économique du pôle doit être en accord avec les stratégies individuels de chacun de ces acteurs cela est une condition sine qua non à une implication véritable de chaque acteur. Il faut donc dans un projet de logiciels libres donné que le pôle de compétitivité s'assure d'une certaine cohérence entre ces stratégies. Une telle stratégie devait prendre en compte des objectifs à court et long terme, chiffrés (part de marché, position concurrentielle, etc.); moyens mis en œuvre par les acteurs du pôle; création d'emploi; création d'activités; etc.

En outre, Cette stratégie devait favoriser le développement et la concentration des synergies, entre des moyens et des savoir-faire complémentaires en matière des TIC, aux fins d'atteindre la taille critique permettant l'obtention d'un avantage concurrentiel dans la compétition internationale. Dans même, cette stratégie doit en effet, devenir un axe structurant, qui prend en compte de : l'amélioration de l'environnement des entreprises; l'attractivité et les modes de gouvernance locale pour créer un véritable milieu innovant; le maintien des compétences technologiques au meilleur niveau; la lutte contre la désindustrialisation et les délocalisations, en encourageant l'ancrage des capacités industrielles existantes et en attirant de nouvelles capacités de production.

Conclusion

La mutualisation des logiciels libres dans les administrations a la particularité d'abriter à la fois des avantages et des inconvénients. Les avantages consistent à garantir l' «économie d'échelle», à partager les coûts de développement et de maintenance, à couvrir à 100% les besoins fonctionnels et à maîtriser l'évolution du logiciel. De même, cette approche permet de garantir une meilleure pérennité du logiciel et du prestataire, le développement démocratisé des TIC et la collaboration entre les administrations pour économiser l'argent public.

Les inconvénients quant à eux, surgissent dans le fait que les besoins des partenaires sont parfois différents et diversifiées, ce qui peut donner naissance à des logiciels inadaptés, difficiles à maintenir, peu performants parce que les besoins des partenaires ne sont pas toujours conciliables.

Dans ce contexte, la solution serait de définir le périmètre (des besoins des partenaires) dès le départ et de ne plus le modifier. Non seulement parce qu'il y a un cadre de marché dans lequel le périmètre doit être défini, mais aussi parce que s'il évolue, certains acteurs ne s'y retrouveraient plus. La mutualisation deviendrait alors impossible.

Les administrations ont beau se ressembler par leur mode de fonctionnement, mais elles sont uniques par leur taille, leur sensibilité, leur mode d'organisation, leur histoire et par leur politique informatique. Chacune des administrations mène la politique d'informatisation qui lui semblait la mieux adaptée à sa situation en prenant parfois des orientations fort différentes. De sorte que l'on peut dire qu'aux 100 administrations correspondent 100 réalités informatiques. Cette variété de situations- qui cache une variété de besoins- peut être à la fois un frein ou un encouragement à la mutualisation.

A ce propos, soulignons une fois de plus que la mutualisation ne peut se faire que pour des besoins fonctionnels similaires ou proches. En effet, des besoins trop éloignés peuvent être difficiles à réunir dans un outil informatique unique.

Dans cette mouvance, il faut éviter les choix idéologiques. Il ne faut pas mutualiser ou libérer à disproportion sans poursuivre de réflexion sur les rapports de cette mutualisation. Il faut bien fixer les règles de fonctionnement dès le départ et les respecter par la suite plutôt que d'essayer de solutionner les problèmes en cours de la route. Il y a à long terme la nécessité de concilier des besoins différents. Dès lors, des mécanismes d'adoption doivent être prévus, de même qu'une feuille de route à plus long terme, en restant réaliste sur les fonctionnalités à court terme. À cet égard, il faut insister sur l'importance de la conception initiale. Un projet de mutualisation aura autant plus de chance de réussir que lorsqu'on aura bien réfléchi à l'architecture afin de pouvoir s'adapter à des besoins relativement différents.

Le grand enthousiasme des administrations à travailler ensemble est encourageant. La mutualisation leur offre la possibilité de mener des projets informatiques de manière différente. Plutôt que d'être isolées et dépendantes d'un fournisseur de service, elles deviennent actrices au sein d'une communauté. Cela va sûrement augmenter la synergie et l'efficacité des prestations au sein des administrations.

Références Bibliographiques

1. Antonie Estarellas, "la dématérialisation des procédures administratives", Université paris X Nanterre, 2006.

2. Jean BERBINAU, "Open source software in the French administrations and private sector: Lessons learned from recent experiments", Novembre 2003.

3. D. Desbois, N. Jullien, T. Pénard, A. Poulin-Maubant et JB. Zimmermann (Eds.) (1999) Logiciels libres : de l'utopie au marché, L'Harmattan/Terminal.

4. Discours de Renaud Dutreil, Ministre de la fonction publique et de la réforme de l'État français, Trophées du logiciel libre, 2005.
http://promethee.eu.org/discours-dutreil.pdf

5. Parlement de la communauté Française de Belgique "Services publics et mutualisation informatique: de la théorie à la pratique", Wallonie-Bruxelles, mars 2006.

6. Pierre-Julien Guay, Jean Fanchini, Benoit Grégoire, "Le logiciel libre, une option qui gagne du terrain", Avril 2003
http://clic.ntic.org/cgi-bin/aff.pl?page=article&id=1154

7. Serge Pouts-Lajus, " Internet et les pratiques de mutualisation", octobre 2004
http://savoirscdi.cndp.fr/archives/dossier_mois/poutslajus/SPL.htm

8. Dominique Foray, Jean-Benoît Zimmermann "L'économie du logiciel libre", 2001
http://www.cairn.info/article.php?ID_REVUE=RECO&ID_NUMPUBLIE=RECO_527&ID_ARTICLE=RECO_527_0077

9. Comité interministériel d'aménagement et de développement du territoire, septembre 2004.
http://www.datar.gouv.fr/Datar_Site/DATAR_Actu.nsf/Frame/Actus?opendocument&ID=CLAP-64TFMP&

L'association ADULLACT

10. ADULLACT, derniers articles des membres
http://www.adullact.org/rubrique.php3?id_rubrique=12&var_recherche=Les+membres+de+l%27ADULLACT

11. Lettre de l'ADULLACT, Novembre 2005
http://lalettre.adullact.org/index.php/2005/10/19/22-lettre-de-ladullact-n17-novembre-2005

12. Les sites de l'ADULLACT, Octobre 2005
http://www.adullact.org/rubrique.php3?id_rubrique=76

13. Mairie Virtuelle
http://www.e-mairie.fr/

14. Le consortium Mutualibre, Janvier 2003
http://www.mutualibre.org/IMG/mutualibre_ent.pdf

EDOS Project

15. Environnement pour le Développement et la distribution de logiciels Open Source
http://www.edos-project.org

16. Frédérique, «EDOS, de la recherche et du développement libre en Europe», Décembre 2004
http://www.hns-info.net/article.php3?id_article=5335

17. EDOS Project Workshop
http://2006.rmll.info/theme_60

18. EDOS, la Communauté Européenne donne 2,2 millions d'euros pour améliorer les outils de création des logiciels libres, Posté par warly, le 22 décembre 2004.
http://linuxfr.org/2004/12/22/17957.html

Pôle de compétitivité dédié aux logiciels libres

19. FORAY Dominique, ZIMMERMANN Jean-Benoît "L'économie du Logiciel Libre: organisation coopérative et incitation à l'innovation", document de travail pour le workshop « La nouvelle économie du logiciel », 2000.

20. Communiqué de presse du 05 Décembre 2006 du Ministre français de l'Économie, de Finance et de l'Industrie "Monsieur Thierry Breton" portant sur la création d'un pôle de compétitivité dédié aux logiciels libres.

21. Nicolas Jacquet, Daniel Darmon *"Les pôles de compétitivité, le modèle français"*, Documentation française, novembre 2005.

22. Suzanne Rivard, Guylaine Poirier, Louis Raymond, "Development of a measure to assess the quality of User-Developed applications", 1994.

23. Forum économique de la chambre du commerce de Québec *"Agir ensemble sur l'économie régionale"*, 2007.

24. Michel Porter, l'avantage concurrentiel, InterÉditions, Paris, 1986

25. RICHARDSON G.B. (1972), *"The Organisation of Industry"*, Economic Journal, vol 82, n° 327, pp. 883-896.

26. Kevin Stolarick, Richard Florida, Louis Musante *"Montréal, ville de convergences créatives: Perspectives et Possibilités "*

27. Marcel Boyer, Jacques Rober "*L'économie du logiciel libre est, recommandations en vue d'une politique gouvernementale à l'égard du logiciel libre*".

28. Appel à projet " *Pôle de compétitivité* ", la documentation française, 2005

29. La France et ses pôles de compétitivité- La Documentation française, collection « *Problèmes économiques* », février 2005.

30. A armes égales, rapport au Premier ministre de Bernard Carayon, la Renseignement française, 2006
http://lesrapports.ladocumentationfrancaise.fr/BRP/064000728/0000.pdf

31. Bastien Guerry, "*Logiciel libre et innovation technique*", juin 2001

Références d'internet
32. Mutualisation des développements et Open Source, 2005
http://www.midiway.fr/Midiway/Visiteurs/Prestations/Ing%C3%A9nierie/Open+Source/Mutualisationdesdveloppementsetopensource.htm

33. Philippe Astor, Linus Torvalds crée un certificat d'origine pour protéger Linux des ennuis juridiques, 2005
http://www.zdnet.fr/actualites/informatique/0,39040745,39154288,00.htm

34. Mutualisation des développements: une méthode de conversion à l'open source
http://www.mayjo.net/index.php?option=com_content&task=view&id=100&Itemid=2

35. Le CETIC, "Centre d'Excellence en Technologies de l'Information et de la Communication".
http://www.cetic.be/indexFR.php3

36. Gérard Giraudon, "le logiciel libre objet de recherche et de transfert" (2006)
http://www.a-brest.net/article2457.html

37. Edouard Vercruysse, chef du service E-communes "Les enjeux spécifiques de la mutualisation informatique dans les communes", (2006)
http://www.pcf.be/ROOT/PCF_2006/public/evenements/activites_diverses/services_publics_et_mutualisation_informatique/index.html

Pôle de compétitivité dédié aux logiciels libres

38. Comité Interministériel D'aménagement et de Développement du Territoire (CIADT), "Pour une nouvelle politique industrielle : la stratégie des pôles de compétitivité", dossier de presse, 14 septembre 2004

http://www.datar.gouv.fr/Datar_Site/DATAR_Actu.nsf/Frame/Actus?opendoc ument&ID=CLAP-64TFMP&

39. Christian BLANC "Pour un écosystème de la croissance" rapport au Premier ministre, 2004, pp.43-58
http://lesrapports.ladocumentationfrancaise.fr/BRP/044000181/0000.pdf

40. Pôle de compétitivité contexte et définition
http://www.lyonbiopole.org/poles-de-competitivite/contexte-et-definition-46-1.html

41. Informaticiens, passez en zone libre
http://www.01net.com/article/336266.html